朝鮮時報

조선시보 번역집 **3**

문예 · 조윤재

옮긴이

김임숙 金任淑, Kim Im-Sook

1967년 부산에서 태어나 부산대학교 일어일문학과에서 학부를 마치고 일본 간사이(關西)대학에서
대학원을 졸업했다. 부산대학교 일본연구소 소장, 대한일어일문학회 부회장으로 활동하고 있으며
부산대학교 일어일문학과 교수로 재직하고 있다.

저역서로『藤原仲文集全釋』(공저, 1998),『伊勢物語古註釋書コレクショソ』(공저, 1999),『王朝
文學の本質と變容』(공저, 2001),『사이카쿠가 남긴 선물』(2011),『일한중의 교류』(2012),『능운집』(공역,
2016),『문화수려집』(공역, 2017) 등이 있다. 전공 분야는 모노가타리(物語) 수용사이며, 관심 분야는
헤이안(平安)시대 한문학이다. 관련 논문으로「《능운집》의 도연명 수용 양상」(2015),「《문화수려집》에
보이는 발해사절시」(2016),「칙찬한시집의 변방시 전개양상」(2019),「칙찬한시집의 여성화자시
연구」(2021),「칙찬한시집의 은일(隱逸)시 연구」(2022) 등이 있다.

일제강점기 일본어신문

조선시보(朝鮮時報) 번역집 03 문예·운문편
초판인쇄 2023년 6월 5일 초판발행 2023년 6월 10일

옮긴이 김임숙 펴낸곳 소명출판 출판등록 제1998-000017호

주소 서울시 서초구 사임당로14길 15 서광빌딩 2층

전화 02-585-7840 팩스 02-585-7848

전자우편 somyungbooks@daum.net 홈페이지 www.somyong.co.kr

값 18,000원 ⓒ 김임숙, 2023

ISBN 979-11-5905-703-8 94910
　　　979-11-5905-704-5 (세트)

본 역서는 2017년 대한민국 교육부와 한국연구재단의 지원을 받아 수행한 연구임(NRF-2017S1A5B4055721)

일제강점기 일본어 신문

문예·운문편

조선시보 번역집 3

A Collection of Translations of the Japanese Newspaper *Joseon Shibo* during the Japanese Colonial Period

김임숙 옮김

일러두기

1. 한자의 구자체는 원문대로 옮겼다.
2. 일본어표기는 국립국어원 외래어표기법에 따랐다.
3. 전통시가의 배열은 1910년대, 1920년대, 1930년대 순으로 하였고, 날짜순에 따랐다.
4. 한국어 번역에 있어 단카는 5·7·5·7·7, 하이쿠와 센류는 5·7·5, 도도이쓰는 7·7·7·5라는 음
   수를 가능한 한 맞추려고 하였다.

해제

『조선시보^{朝鮮時報}』는 1894년 부산에서 발간된 일본어민간신문으로,『부산일보』와 더불어 일제강점기 부산지역 언론을 주도하였다.『부산상황^{釜山商況}』이라는 창간 당시의 제호에서 알 수 있듯이『조선시보』는 종합 일간지인 동시에 상업 경제지의 성격이 강한 신문이다.

부산은 일본과 지리적으로 가까운 만큼 1890년대부터 수많은 일본인이 이주해 와서 살았던 도시이기도 하다. 이러한 이유에서『조선시보』는 부산에 거류했던 일본인에게 조선에 대한 다양한 정보를 제공하고, 동시에 조선에는 언론을 통한 식민정책을 펼쳐나갔던 일간지라고 할 수 있다.

이러한 '내선일체^{內鮮一體}' 정책의 일환으로『조선시보』는 부산을 중심으로 하는 조선에 일본문화의 보급과 확산에도 주력하게 되는데, 문예란에는 소설, 강담^{講談} 등의 산문과 더불어 단카^{短歌}, 하이쿠^{俳句}, 센류^{川柳}, 도도이쓰^{都々逸}
: 구어조로 된 민간가요. 7·7·7·5조 4구로 구성되어있으며, 내용은 주로 남녀 간의 애정에 관한 것임 등의 일본 전통
시가를 다수 싣고 있다.

『조선시보』는 1892년 7월 11일에 창간되었지만 보존된 지면은 1914년 11월 2일부터 1940년 8월 31일까지로, 초기에는 결호도 간혹 보인다. 문예란에 대해 살펴보면, 주로 1면과 4면에 소설, 강담^{講談} 등의 산문이 실려 있으며, 단카^{短歌}, 하이쿠^{俳句}, 센류^{川柳}, 도도이쓰^{都々逸} 등의 일본 전통시가는 대부분이 1면에 실려 있으며, 드물게 3면이나 4면 등에 실려 있는 경우도 있다.

이들 전통시가의 각 장르를 세분해서 보면 우선 단카의 비중이 가장 높다. 와카^{和歌}에서 유래된 단카는 근대운문문학을 구성하는 한 장르로, 일본현지에서는 근대화되며 유행을 맞게 되는데,『조선시보』에도 전통시가 장르 중 가장 많은 비중을 차지하고 있다.『조선시보』를 통해 확인할 수 있는 단카 동

호회로는 우선 진해지역의 '명경회明鏡會'가 있는데, 여기서는 "월례회[月並例會]"와 같이 매달 단카회가 열렸으며, "명경회 잡영明鏡會 雜詠"을 제목으로 하는 여러 수의 단카를 『조선시보』에 싣고 있다. 아울러 '명경회' 관련해서는 『진해문예鎭海文藝』라는 동호회지가 확인된다. 다음으로 대구 '홍엽회紅葉會'로, "시보단카時報短歌"에 다수의 단카를 싣고 있다. 그리고 '부산단가회釜山短歌會' 등도 확인된다. 그리고 지역은 알 수 없지만 부녀자 중심의 단카회로 추정되는 '무경회撫鏡會'에서는 "무경회영초撫鏡會詠草"가 상·하로 나뉘어 실려 있다. 즉, 『조선시보』의 단카는 부산을 중심으로 한 경상도지역에서 만들어진 단카 동호회의 작품을 주로 싣고 있다는 것을 알 수 있다. 아울러 이 중에는 『조선시보』 편집부에서 가려서 뽑은 단카도 보인다. "신년잡영 본사편집부선新年雜詠本社編輯部選", "단카대회短歌大會" 등이 그 예이다.

다음으로 『조선시보』의 하이쿠인데, 우선 눈에 띄는 것이 "하이쿠명구집俳句名句集"이라 하여 마쓰오 바쇼松尾芭蕉, 1644~1694, 요사 부손與謝蕪村, 1716~1784, 고바야시 잇사小林一茶, 1763~1828, 우에시마 오니쓰라上島鬼貫, 1661~1738 등과 같은 에도시대 하이쿠 시단을 대표하는 거장들의 작품을 조선의 독자 등에게 소개하고 있다. 동호회로는 '동래화월회東萊花月會', '부산계림하이쿠회釜山鷄林俳句會', '방어진하이쿠회方魚津俳句會', '진주영남구회晉州嶺南句會', '함흥하이쿠정례회咸興俳句定例會', '오선구회五選句會', '고려야회高麗野會', '초진회超塵會', '부도회不倒會', '등용회登龍會', '가모미음かもみ吟' 등이 확인되는데, 단카보다 하이쿠 동호회가 더 많이 결성되어 있었다는 것을 알 수 있다.

아울러 『부산무화과음사구초釜山無花果吟社句抄』와 같은 하이쿠집이 존재하였다는 사실도 알 수 있으며, 『조선시보』 주최의 '남선하이쿠대회南鮮俳句大會'에서 입선한 작품이나 '하이쿠잡제俳句雜題', '시보신하이쿠時報新俳句', '신년 하이쿠新年の俳句'와 같이 신문사 편집부에서 선정한 하이쿠도 보인다.

센류는 동호회는 확인할 수 없지만 '유탑센류선柳塔川柳選', '유탑암조석선柳塔庵鳥石選' 등의 제목으로 미루어보아 '유탑암'의 '조석'이라는 승려가 주도하는 센류회가 존재했던 것으로 추정할 수 있으며, '남선센류南鮮川柳'라는 제목의 작품도 보이는데, 동호회인지는 확인할 수 없다. 또한 신문사 편집부가 선정한 '신년잡제新年雜題'라는 센류도 보이며, "'여자' 센류를 통해서 보다〈女〉川流を通じて見た"라는 기획전도 확인할 수 있다.

마지막으로 도도이쓰는 '수음회粹吟會'라는 동호회가 있었으며, '수음회' 주최의 '도도이쓰대회都々逸大會'에서 입상한 작품들이 보인다. 그리고 철도회사 도도이쓰 동호회로 추정되는 '조선경전철 도도이쓰朝鮮輕鐵の都々逸'도 확인할 수 있다. 그리고 경남의 명소와 명물을 주제로 한 "경남 명소명물(숫자노래)慶南名所名物(數へ歌)"라는 시리즈물도 실려 있다.

『조선시보』의 일본전통시가란에 보이는 지역으로는 부산동래, 마산, 김해, 울산방어진, 의령, 밀양, 통영, 거창, 대구 등의 경상도권이 대부분이며, 경성, 용산, 원산, 평양, 함흥 등의 중북부지역과 오사카, 도쿄오차노미즈(お茶の水), 사도佐渡 등의 일본지역에까지 이르고 있다. 경상도지역을 중심으로 한 조선전역과 일본현지에 이르기까지 다양한 지역의 독자층이 있었다는 사실을 확인할 수 있다. 실제『조선시보』발행 초기인 1910~1920년대의 문학담론에서는 '국민의 시가문장'이라는 단어가 등장할 정도로『조선시보』편집부는 일본문학 중에서도 전통시가의 보급과 확산에 주력하였다는 것을 알 수 있다.

이처럼『조선시보』1면에는 다양한 장르의 일본 전통시가문학이 실려 있는데, 이는 당시 부산에 거주하는 일본인의 문화적 욕구충족과 타지에서의 향수를 달래려는 목적과 더불어 조선인에게는 일본의 전통문화를 알리고 신문사 주최로 하는 대회를 통해 일본 고전시가에 대한 이해도를 높이는 목적 또한 있었으리라고 본다.

차례

1910년대 전통시가

1

단가

1914년 11월 5일

破れ愛の心持ちたる吾なれば
夜毎に啼ける鹿の悲しき
깨진 사랑의 마음을 느끼는 나이기에
매일 밤 우는 사슴처럼 슬펐네

破れ愛の心持ちたる吾なれば夜毎に
啼ける鹿の悲しき。

단가

1914년 11월 26일

시부카와 고무澁川紅夢

霜月の夜の葡萄酒

상월* 밤의 포도주

えぐられし戀の心に仰ぎ見る

月は悲しけ葡萄酒を呷るも

에는 듯한 임에 대한 그리움에 올려다본

달은 애처롭게도 포도주 들이켜네

---

* 음력 동짓달의 딴 이름으로 음력 11월이다.

도도이쓰

1915년 1월 1일

赤い目をして耳長くして待つは卯年の好きな客

새빨간 눈을 하고 귀를 길게 늘이고 기다린다네 묘년卯年을 좋아하는 임을

04

도도이쓰

1915년 1월 1일

潰し島田は大丸髷とかわつて年始の禮廻り

머리를 묶어서 틀어 올리고 연초에 새해 인사

05

도도이쓰

1915년 1월 1일

あばれまいぞへ跳ね廻はらうぞ昨日は寅年今日は卯年

거칠지 않게 뛰어다닌다네

어제는 호랑이해 오늘은 토끼해

06

하이쿠

1915년 2월 2일

大雪や竹と物言ふ一人酒

함박눈이구나, 대나무와 말하며 혼자 마시는 술

大雪や竹と物言ふ一人酒

하이쿠

1915년 2월 3일

轉寢の夢と消ゑけり春の雪

선잠의 꿈과 함께 사라졌구나, 봄날의 눈은

轉寢の夢と消ゑけり春の雪

08
하이쿠
1915년 2월 3일

白魚や水をはなれて水の色

뱅어야, 물을 떠나서도 물빛이구나

白魚や水をはなれて水の色

단가

1915년 2월 27일

今はただかくしてゐらむなど思ふ

夜の心に赤き月の出

지금은 그저 숨어있으련다 생각하는

밤의 마음속에 떠오르는 붉은 달

단가

1915년 2월 27일

旅人が車にゆられ流しめに

見たる町家の青き花瓦斯

길가는 이가 흔들리는 차 안에서 곁눈질하며

바라보는 상가의 푸른 꽃장식 가스등

단가
1915년 2월 27일

春はまた初戀の胸そそりゆく

男二十を歌留多に耽る

(釜山歌留多を見て)

봄은 또다시 첫사랑의 마음처럼 들뜨는데

스무 살 청년은 가루타*에 빠져드네

(부산가루타를 보고)

---

* 　주로 정월에 하는 카드놀이. 여러 카드 중 필요한 카드를 빠르게 결정하고 상대방보다 빠르게 필요한 카드를 쳐내는 방식이다. 카드는 그림이나 시로 이루어져 있고 많이 쳐내는 사람이 승리한다.

12

단가

1915년 3월 14일

手術すといわれおののき先生の

顔うらめしくみゆるかなしさ

수술한다는 말에 덜덜 떨며 의사선생님

얼굴 원망스럽게 쳐다보는 슬픔

하이쿠

1915년 3월 14일

夕月に吹かれてさめつ花の酔

달 뜬 저녁에 바람 불어 깨어버린 꽃의 취기

14

하이쿠

1915년 3월 14일

戻ること月に忘れて花の山

돌아오길, 달 때문에 잊은 꽃 피는 산

戻ること月に忘れて花の山

단가

1915년 3월 16일

まばたける隙あらばこそ移り行く

山の色はも陽は沈みけり

눈 깜빡할 틈 사이로 변해가네

산의 색도 변하고 해는 졌구나

16

단가

1915년 3월 16일

沈む陽のうすら赤さに泌々と

吾がうつせみの悲しかりけり

저무는 해의 어렴풋한 붉은빛에 절절해지는

우리네 이승세상 슬프기만 하구나

단가

1915년 4월 24일

胸は泣く思ふことさへかたらひて

なぐさむ人のあらぬこの身は

가슴이 운다 내가 생각하는 것 이야기 나누며

위로해주는 사람 없는 이 내 신세여

18

단가

1915년 4월 24일

青春のくるしき胸をかたり得ぬ

われのこころを君は知らず

청춘의 괴로운 가슴 다 말할 수 없는

나의 이 마음을 당신은 모르리라

도도이쓰

1915년 8월 17일

玉の興捨ててお前と裏店住居

たすき掛して水仕事

보옥가마 버리고 당신과 셋방살이

옷소매 걷어 올리고 집안일 하네

20

도도이쓰

1915년 8월 17일

接木した枝を御覧よ元あ他人

情けが通へば花が咲く

접목한 가지를 보라 원래는 남이지만

정이 통하면 꽃이 핀다

21

도도이쓰

1915년 8월 17일

浮氣者だよ兩道かけて 思ひきらんせどちらなと

양다리를 걸친 바람둥이야

어느 쪽이든 단념해야 할 것이다

22

하이쿠

1915년 9월 9일

行軍の銃の先にも蜻蛉かな

행군하는 총구 끝에 앉은 하루살이여

하이쿠

1915년 9월 9일

溜池に尾をつけて行く蜻蛉かな

저수지에 꼬리를 물며 가는 하루살이여

24

단가

1918년 3월 3일

후지야마 쓰유하기 藤山露萩

風吹けば路上の落葉くるくると
片隅へ行く廻りしきるも

바람 불어와 길 위의 낙엽 데굴데굴
모퉁이쪽으로 가네 계속해서 돌면서

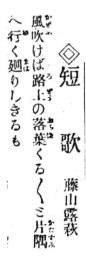

25
단가

1918년 3월 3일

雨の来てひつそりと春の木々ぬらす

このあけがたのまろき睡眠

비가 내려 살며시 봄의 나무들 적시는

이 새벽녘의 감미로운 잠

26

센류

1918년 3월 26일

口説かれて娘は猫に物を云ひ

고백 받은 아가씨는 고양이와 수다를 떠네

센류

1918년 3월 27일

わが好かぬ男の艶書は母に見せ

좋아하지 않는 남자의 연애편지는 엄마에게 보이네

28

센류

1918년 3월 27일

父親が拾へば艶書も靜かなり

아버지가 주우니 연애편지도 얌전해진다

29

단가

1918년 4월 2일

心なくあしたを土手にのぼり見る

眞底の池に水少し溜まれり

무심하게 아침 제방에 올라서 보니

바닥의 연못에는 물이 조금 고였네

心なくあしたを土手にのぼり見る

眞底の池に水少し溜れり

30

단가

1918년 4월 5일

春の日の光寒しも山里は

ところどころに雪ものこりて

봄날의 햇빛은 차지만 산골마을

여기저기에 눈이 남아있구나

春の日の光寒しも山里はところどころに雪ものこりて

단가

1918년 4월 5일

去年のまま雪ぞ殘れる谷かけに
春立風も知らずあるらむ

작년에 내린 눈이 그대로 남아있는 산골짜기는
입춘에 부는 바람도 모르고 있겠지

去年のまゝ雪ぞ殘れる谷かけに春
立風も知らずあるらむ

32

단가

1918년 4월 9일

春来ても木下かけに今もなほ

氷りて殘こる谷の白雪

봄이 와도 나무그늘 아래로 지금도 여전히

얼어서 남아있는 산골짜기 하얀 눈

33

단가

1918년 4월 9일

我里は梅盛りなる此頃に
山には殘る去年の白ゆき

우리 마을에 매화 만개하는 지금 이맘때
산에는 작년의 하얀 눈 남아있네

34

단가

1918년 4월 12일

春の夜の軒の玉水たへだへに

枕かよひ思ひはつきじ

봄날 밤에 처마의 물방울 끊길 듯 말 듯

베개 넘나드는 생각은 하염없어라

단가

1918년 4월 13일

ポンポンと花火は揚がるぬばだまの

夜闇にかたく君が手をとる

평평하고 불꽃은 올라가고 누바다마* 같은

밤의 어둠에서 그대가 굳게 손을 잡네

---

* 범부채의 종자로 둥글고 까맣다. '어둡다'라는 의미를 지닌 마쿠라코토바(枕詞 : 단카에서
성조를 가다듬으며 다음 말을 이끌어내는 역할을 하는 말로, 보통은 해석하지 않는다)이다.

36

단가

1918년 4월 21일

この心君に匂へと紅梅の雫を受けて墨にとく夜や

이 마음이 당신에게 닿으라고 붉은 매화*의

물방울 받아서 먹을 가는 밤이여

---

*   봄을 나타내는 가어(歌語)이다.

도도이쓰

1918년 8월 3일

藝者轉べば金にもなるが妾轉べば泥がつく

게이샤가 구르니 벌이가 되지만

내가 구르니 진흙이 묻는다

藝者轉べば金にもなるが妾轉べば泥がつく

38

하이쿠

1918년 9월 5일

고야마紅山

稲妻や辻の郵便函ひひく

벼락이 치니 네 거리의 우체통 벌벌 떤다네

하이쿠

1918년 9월 5일

芋洗ふ盥に桐の一葉哉

감자 씻는 대야에 오동잎 하나 있구나

芋洗ふ盥に桐の一葉哉

40

하이쿠

1918년 9월 5일

禪寺の夕林しく桐一葉

선사에 심긴 해 질 녘 외로운 오동잎 하나

禪
寺
の
夕
林
し
く
桐
一
葉

하이쿠

1918년 9월 5일

쇼二升

草の戸に只白露の光かな

초가집에 그저 맑은 이슬이 빛나는구나

42

하이쿠

1918년 9월 5일

바쇼芭蕉[*]

月見する座に美しき顔もなし

달 구경하는 자리에 아름다운 얼굴도 없네

---

[*] 마쓰오 바쇼(松尾芭蕉)는 에도(江戸)시대의 하이쿠 작가이다. 기존에 언어놀이에 지나지
     않던 하이쿠를 품격 있는 장르로 승화시키며 하이쿠의 성인이라고 불렸다. 주요 저서로는
     『노자라시기행(野晒紀行)』, 『오쿠노호소미치(奥の細道)』, 『사라시나기행(更科紀行)』 등이
     있다.

하이쿠
1918년 9월 5일

잇사一茶[*]

水いらぬ親子暮らしや山の鹿

오붓하게도 부모 자식 사는구나 산속의 사슴

---

* 고바야시 잇사(小林一茶)는 에도시대 후기에 활약했던 하이쿠 작가이다.

44

하이쿠

1918년 9월 5일

부손蕪村*

油斷して嵐にあふな花すすき

방심하여 폭풍을 맞지 마라 억새꽃이여

油斷して嵐にあふな花すゝき
蕪村

---

* 　요사 부손(與謝蕪村)은 에도시대 중기를 대표하는 하이쿠 작가이다.

하이쿠

1918년 9월 5일

바쇼芭蕉

此寺は庭一ぱいの芭蕉哉

이 절에는 정원 가득 자라난 파초가 있네

此寺は庭一ぱいの芭蕉哉 芭蕉

46

하이쿠

1918년 9월 5일

오니쓰라|鬼貫[*]

露の中に何やら見ゆる水車

이슬 속에 무언가가 보인다 물레방아

露
の
中
に
何
や
ら
見
ゆ
る
水
車

鬼
貫

---

[*]　우에지마 오니쓰라(上島鬼貫)는 에도시대 전기의 하이쿠 작가이다.

하이쿠

1918년 9월 11일

게키로啓喜樓

草の花

풀꽃

人去りて黄昏るる墓や草の花

사람 떠나고 해 저무는 무덤의 풀꽃이여

48

하이쿠

1918년 9월 11일

秋野

가을 들판

渡り雲低く流るる秋野かな

지나가는 구름 낮게 흘러가는 가을 들판이구나

하이쿠

1918년 9월 11일

草にまろべば眼に空高く秋野哉

풀에 뒹구니 눈앞에 하늘 드높은 가을 들판이구나

50

하이쿠

1918년 9월 11일

蜘蛛の絲に風を堪へゐる芒哉

거미줄에 매달려 바람을 견디는 억새*로구나

---

* 　가을을 나타내는 기고(季語 : 하이쿠에서 계절을 나타내는 말)이다.

센류

1920년 3월 2일

湯上りの見てもらい度い白い顔

목욕 후 보여주고만 싶은 새하얀 얼굴

52

센류

1920년 3월 2일

絲卷がころぶと猫は本氣なり

실뭉치가 구르면 고양이는 진지해진다

센류

1920년 3월 4일

初旅の枕がゆれる汽車の音

첫 여행, 목침 흔들리네 기차 소리

54

센류

1920년 3월 4일

叱られた膝で子供はないじやくり

야단맞은 아이는 무릎에서 훌쩍이며 운다

단가

1920년 3월 9일

ゆくりなく我旅立つと物云へば

彼れ物言はず涙流しき

갑작스럽게 여행에 나서겠다는 말을 꺼내니

그는 아무 말 없이 눈물 흘렸지

ゆくりなく我旅立つと物云へば彼れ物言はず涙流しき（一點）

56

단가

1920년 3월 9일

月浴びて柳の辻に待ちわびし

若き血潮は彼の日の夢か

달빛 맞으며 버들 네거리에서 애타게 기다렸던

젊은 날의 혈기는 그날의 꿈이던가

단가

1920년 3월 9일

かさかさと人のけはひに影二つ

闇にまぎれし日もありしかな

부스럭부스럭 인기척에 남녀 그림자

어둠 속으로 숨어든 날도 있었던가

かさ＼＼と人のけはひに影二つ
にまぎれし日もありしかな

58

센류
1920년 3월 12일

心まで買つた積りの膝枕

마음까지 산 줄 알았던 무릎 배게

센류
1920년 3월 12일

心からする改心は歳を知り

마음으로부터 하는 반성은 나이를 안다

60

센류

1920년 3월 12일

感心に隣の亭主叱られる

저것 좀 보게 이웃집 남편이 혼나고 있네

센류
1920년 3월 12일

深呼吸まだこの腹が太らない

심호흡해도 아직 이 배가 부풀지 않네

しんこきゅうまだこの腹が太らない、

62

센류

1920년 3월 13일

ゐねむりも時計の音は知って居る

졸리운 것도 시계 소리는 다 알고 있지

63

센류

1920년 3월 13일

戀病時々變な息をつき

사랑앓이에 가끔씩 이상한 숨을 내쉬어보네

64

센류

1920년 3월 13일

ブラ下つたメタルが太い金時計

늘어져 있는 금속이 두꺼운 금시계

65
센류
1920년 3월 13일

其の時の顔で手まねの面白し

그 시절의 얼굴로 손장난 치니 재미있구나

其の時の顔で手まねの面白し

66

센류

1920년 3월 13일

密談の時々お茶をすする音

밀담 중에 때때로 차 홀짝이는 소리

도도이쓰

1920년 3월 29일

思ひ出に主の笑顔を辿りし頃に空を一羽の鴈の聲

추억에 잠겨 당신의 웃는 얼굴을 더듬을 때

하늘에 한 마리 기러기 소리

思ひ出に主の笑顔を辿りし頃に空を一羽の鴈の聲　同上

68

도도이쓰

1920년 3월 29일

빨간 모자赤帽子

かけし願ひも嬉しく叶ひ笑顔そろへて禮まゐり

함께하고픈 소원도 기쁘게 이루어져

웃는 얼굴로 감사의 참배

도도이쓰

1920년 3월 29일

貴郎の浮氣のやまない內は妾の苦勞がますばかり

당신의 바람기 멈추지 않으니 나의 속앓이만 늘 뿐

70

도도이쓰

1920년 3월 29일

主のかへりをもう程なしと小鍋立たして待笑がほ

남편이 귀가할 때가 되어

작은 냄비 차려두고 기다리며 짓는 미소

主のかへりをもう程なしと小鍋立
たして待笑がほ。
同上

도도이쓰

1920년 3월 29일

데쓰코てつ子

笑顔つくつてお酌をしても主の心はとけはせぬ

웃는 얼굴로 술을 따라도 남편의 마음은 풀리지 않네

笑顔つくつてお酌をしても主の心は
はとけはせぬ
てつ子

72

센류

1920년 4월 5일

娘より後家は男の口に乗り

아가씨보다 미망인이 남자 입에 오르내리지

73

센류

1920년 4월 5일

決心はしたが髪まで切り兼る

결심은 했지만 머리카락까진 차마 못 자르겠네

74

센류

1920년 4월 5일

問題は三年後家に子が生まれ

문제는 3년 과부생활에 아이가 생겼다는 것

센류

1920년 4월 5일

後家なればこそ寄て來る男犬

미망인이라서 다가오는 짐승 같은 남자

76

센류

1920년 4월 6일

後家の手を握て醫者も氣が變り

미망인의 손을 잡으니 의사의 마음도 변하네

後家の手を握て醫者も氣が變り

센류

1920년 4월 29일

春や春利上げの金で花見也

봄이로구나 봄에 올린 이잣돈으로 꽃구경하네

1920년대 전통시가

단가

1921년 6월 15일

清らけき君のこころの水色と
我が血の色にむらさきは成る
맑고 맑은 당신 마음 같은 푸른 빛깔과
나의 핏빛으로 보라색은 완성되네

02

단가

1921년 6월 15일

みなぎれるヒヤシンス*の香に浸り

靜に物を思ふ夜はよし

흘러넘치는 히아신스의 향기에 젖어

조용히 무언가를 생각하는 밤 좋아라

---

*   봄을 나타내는 가어이다.

03

단가

1921년 6월 15일

我が若き日は今日もまた暮れゆきぬ

さみしきままに窓を眺むる

내 젊은 날은 오늘 또 다시 저물어가고

쓸쓸함 간직한 채 창문을 바라보네

04

단가

1921년 6월 15일

はてしらぬ大海原をさまよひつ

いつれに果つや波と我が身と

끝이 없는 망망대해를 떠돌다가

그 언제쯤 사라질까 파도와 나의 몸은

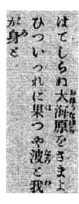

단가

1921년 6월 15일

夕立の過ぎて暮れゆく田舎道

蛙なく聲賑かにして

여름 소나기 그치고 저물어가는 시골길

개구리 울음소리 활기차기도 하구나

06

하이쿠

1923년 2월 14일

구보타 가토久保田可透

庫裡に引く谷のひかけや落椿

절 부엌에 드리운 골짜기 그늘이구나 떨어진 동백[*]

---

* 봄을 나타내는 기고이다.

하이쿠

1923년 2월 14일

이케소노 기쓰루池園木鶏

籔椿折り荒されて猶咲けり

야생 동백꽃 꺾여 망가져도 여전히 피고 있네

08

단가

1923년 5월 26일

나카지마 도손 中島東村

湯あがりの子等をならべてひとりひとり

爪きりてゐる母の痩かな

씻고 나온 아이들 줄 세워 하나하나

손톱 깎아주는 엄마 보니 야위었구나

09

단가

1923년 5월 26일

ひるの雨音なくふりてにはくまの

苟薬の花ここちさびたり

한낮의 비가 소리 없이 내리는 뜰 모퉁이의

작약꽃*에 마음이 차분해지네

---

* 여름을 나타내는 가어이다.

제2장 _ 1920년대 전통시가　**97**

10

단가

1923년 5월 26일

다치바나 나오立花直

妖艶なおみなの如く咲きほこる

芍薬はよし五月眞ひるに

요염한 여자처럼 화려하게 피어나는

작약 곱기도 한 5월의 한낮

단가
1923년 5월 30일

호리다 미요코堀田みよ子

芍薬の若葉の上にそよそよと
あるかなきかの春風ぞふく
작약의 어린 이파리 위로 간들간들
부는 둥 마는 둥 봄바람 부네

12

단가

1923년 5월 30일

あたたかき春の光を吸ひながら

ふくらみ行くも庭の芍薬

포근한 봄 햇살을 들이마시며

부풀어 오르는 정원의 작약

13

단가
1923년 5월 30일

妹の可愛き爪をながむれば

昔なつかし其幼かる

여동생의 귀여운 손톱을 바라보노라니

옛날이 그립구나 고것 작기도 하지

妹の可愛き爪をながむれば昔な
つかし其幼かる

14

단가

1923년 5월 30일

草の根に土をよせ居る乙女等の

可愛きみ手の爪をみてあり

풀뿌리에 흙을 모으고 있는 아가씨들의

사랑스러운 손의 손톱을 보고 있네

15

단가

1923년 5월 30일

가네야마 하나요시 金山花義

叱られて腹立ちまぎれに爪かめば

血のにしみ出ていとどわびしき

야단을 맞고 짜증 나서 손톱 깨무니

피가 배어나와 더욱 울적해지네

하이쿠

1925년 5월 6일

凍てたざぼてんの鉢をかかへて立つ

얼어붙었던 선인장 화분을 끌어안고 선다

凍てたざぼてんの鉢をかかへて立つ

하이쿠

1925년 5월 6일

사쓰유傘露

雪つもり雪ふりやめばかがやき出づる

내려와 쌓이던 눈 그치니 반짝이기 시작하네

18

하이쿠

1925년 5월 6일

라나미白浪

山ちかく二月の白雲のひらひら

산언저리로 2월의 하얀 구름 하늘거리네

하이쿠

1925년 5월 6일

요테 庸庭

冬過ぎし家のまはり日照る

겨울이 지나간 집 주변으로 햇빛이 든다

20

단가

1925년 7월 24일

이쿠히사 시카에幾久榮

昨日今日若草もゆる裏畑に

小さき雨の音もなふ降る

어제오늘 어린 풀 돋아나는 집 뒤 텃밭에

가느다란 보슬비 소리 없이 내리네

하이쿠

1925년 8월 4일

青葉のかなたくらく小猫さり

푸른 잎사귀 어두운 저편으로 작은 고양이 사라지네

青葉のかなたくらく小猫去り　　　銀之助

22

하이쿠

1925년 8월 7일

胡瓜の添竹もなくて立ち小さき花さく

오이는 지주대도 없이 서서 작은 꽃 피우네

하이쿠

胡麻ばたけのごまの花したのうすやみ

참깨밭의 참깨꽃 아래의 어스름

24

하이쿠

1925년 8월 7일

夕べ茄子をもぐ畠に入りはだし

해 질 무렵 가지 따는 밭에 맨발로 들어가네

단가

1925년 9월 12일

故なきに涙ぐまるる此の夕

そこはかとなく匂ふアカシヤ

이유도 없이 눈물이 맺히는 이 저녁

하염없이 은은한 향 풍기는 아카시아[*]

---

[*] 　여름을 나타내는 가어이다.

26

단가
1925년 9월 12일

ゆくりなくアカシ匂ふ山路に
われ出できたり物思ひつつ
하염없이 아카시아 향 풍기는 산속 길을
어느새 접어들었네 번뇌에 사로잡힌 채

센류

1925년 9월 16일

산차三茶

芋の芽

감자 싹

知らぬ間に芋は芽をふき葉をのばし

어느새인가 감자는 싹을 틔워 잎을 뻗었네

28

센류

1925년 9월 16일

父さんに似るな似るなと妻のいふ

아버지를 닮지 마라 닮지 마라 아내가 왼다

父さんに似るな〱と妻のいふ

센류

1925년 9월 16일

一坪の庭上海の縮圖にて

한 평의 정원 상하이上海의 축소판이구나

一坪の庭上海の縮圖にて

30

단가

1925년 9월 30일

なべて皆つどい寄りきてともともに
今日の喜びわかつうれしさ

다 같이 함께 옹기종기 모여 서로서로가
오늘의 경사를 나누는 기쁨이여

단가
1925년 9월 30일

川水にうつる白雲やはやはと
靜に流る夏の日の午後
강물에 비치는 흰 구름 몽실몽실
조용히 흘러가는 여름날의 오후

32

하이쿠

1925년 10월 10일

彼岸會や念佛申す氣になれず

피안회*지만 염불할 마음도 들지 않누나

---

* 춘분이나 추분 전후에 7일 동안 행하는 불교 행사.

하이쿠

1925년 10월 10일

極樂といひつつ冠るふとん哉

극락이라 말하며 뒤집어쓰는 이불이라네

34

하이쿠

1925년 10월 10일

花を待つ心になるや小春和

꽃을 든 마음처럼 포근한 봄날이구나

花を待つ心になるや小春和

단가

1925년 10월 25일

幾年は旅に放浪吾が身にも

故郷戀し秋風ぞ吹く

기나긴 세월 여행하며 떠돌던 이내 몸도

고향 그리워지네 가을바람 부니

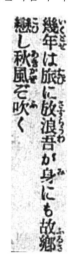

단가

1925년 10월 25일

故郷は若かりし頃出でし身も

今は悲しき白鬚にこそ

고향에는 젊었을 무렵 내가 남아있건만

지금은 슬프게도 수염이 하얘졌네

단가

1925년 10월 25일

故鄕の父母は如何にし在すずめ

荒み果てにし放浪の身は

묻자꾸나 참새여 고향 부모는 어찌하고 있는지[*]

황폐한 마음으로 떠도는 내 신세여

---

[*] 원래대로라면 '고향의 부모는 어찌하고 있는지 참새여 묻자꾸나'가 되겠지만 3구의 '참새'
를 첫 구로 가져와서 번역하였다.

38

하이쿠

1929년 2월 9일

元日や新しくなる人心

새해 첫날 새롭게 다짐하는 사람 마음은

하이쿠
1929년 2월 9일

初霞棚引く朝の田家哉

새해 안개 길게 드리운 아침의 시골집이구나

初霞棚引く朝の田家哉 硯石

40

하이쿠

1929년 5월 25일

세키노石農

山深く一寺院ありほととぎす

산 그윽히 사원 하나 있네 두견새* 울고

山深く一寺院ありほととぎす 石農

---

* 여름을 나타내는 기고이다. 원문에서 하이쿠의 형식인 5·7·5의 음조를 맞추는 역할도 한다.

하이쿠

1929년 5월 25일

준코淳子

堂を行く僧の衣や夏の風

법당 향하는 스님 옷에 일렁이는 여름 바람

42

하이쿠

1929년 5월 28일

草餅や一夜泊まりの母なりし肥州樓

구사모치[*]여 하룻밤 머문 어머니 되었던 비수^{**}루

草餅や一夜泊りの母なりし肥州樓

---

*   쑥으로 만든 떡. 봄을 나타내는 기고이다.
**   히젠(肥前) 지방과 히고(肥後) 지방. 히젠 지방은 현재의 사가현(佐賀県)과 나가사키현(長
     崎県) 일부이고 히고 지방은 현재의 구마모토현(熊本県)이다.

하이쿠

1929년 6월 25일

요시후미 好文

神木の半かくるる霞かな

신목[*]에 반만 몸을 숨긴 안개로구나

神木の　半かくる▶　霞かな　好文

---

* 　신사(神社) 경내에 있는 나무. 특히 그 신사와 연고가 있어서 신성하게 여긴다.

44

하이쿠

1929년 6월 25일

후지나미藤波

木の間洩る鐘響や夕霞

나무 사이로 새어 나오는 종소리에 저녁 안개 끼네

도도이쓰

1929년 8월 7일

慶南名所名物(數へ歌)

경상남도 명소 · 명물(숫자풀이 노래)[*]

一つと出たばのヨサホイホイ

人に知られし釜山港ホイ

汽車と船との縁つなぐ

첫 번째로 말하자면 얼씨구 호이호이

그 이름도 유명한 부산항 호이

기차와 선박의 연을 잇는다네

ホイホイ

호이호이

二つと出たばのヨサホイホイ

二つないぞへ朝鮮にホイ

---

* 두운(頭韻)을 이용한 노래.

두 번째로 말하자면 얼씨구 호이호이

조선에 둘도 없다네 호이

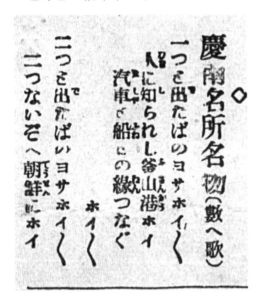

□□□□□

ホイホイ

호이호이

三つと出たばのヨさホイホイ

密陽名産香魚の名とホイ

共に聞ゆる嶺南樓

세 번째로 말하자면 얼씨구 호이호이

밀양의 명물 은어의 명성과 호이

함께 유명한 영남루라네

ホイホイ
호이호이

四つと出ばのヨさホイホイ
醉ふた氣持は日本一ホイ
釜山﹅馬山の酒の味
네 번째로 말하자면 얼씨구 호이호이
술 취한 기분은 일본 최고 호이
부산과 마산의 술맛

ホイホイ
호이호이

五つと出たばのヨサホイホイ

いはれも深き鎭海のホイ

日本海戦記念塔ホイホイ

다섯 번째로 말하자면 얼씨구 호이호이

유서 깊은 진해의 호이

일본해전기념탑 호이호이

六つと出たばのヨサホイホイ

昔文祿慶長のホイ

役に名高き蔚山城ホイホイ

여섯 번째로 말하자면 얼씨구 호이호이

그 옛날 분로쿠·게이초의 역*으로 호이

유명한 울산성 호이호이

七つと出たばのヨサホイホイ

流れ千里の洛東江ホイ

일곱 번째로 말하자면 얼씨구 호이호이

천리의 물결 낙동강 호이

---

* 　1592년에 발발한 임진왜란을 일본에서는 분로쿠·게이초의 역(文祿·慶長の役)이라고 부른다.

五つと出たばのヨサホイ〳〵
いはれん深き鎭海のホイ
日本海戰記念塔ホイ〳〵

六つと出たばのヨサホイ〳〵
昔文祿慶長のホイ
役に名高き蔚山城ホイ〳〵

七つと出たばのヨサホイ〳〵
流れ千里の洛東江ホイ

八つとでたばのヨサホイホイ
優しい乙女の織出すホイ
朝紡綿布は名も高し
여덟 번째로 말하자면 얼씨구 호이호이
상냥한 아가씨가 짜내는 호이
조선 방적 면포는 명성도 높구나

ホイホイ
호이호이

九つとでたばのヨサホイホイ
아홉 번째로 말하자면 얼씨구 호이호이

古来傳はる晋州のホイ

名物闘牛勇ましや

예부터 전해지는 진주의 호이

명물 투우鬪牛는 용맹하구나

ホイホイ

十つてたばのヨサホイホイ

陶器は日本硬質のホイ

色も形も美しや

호이호이

열 번째로 말하자면 얼씨구 호이호이

단단한 일본 토기는 호이

색도 모양도 아름답구나 호이호이0

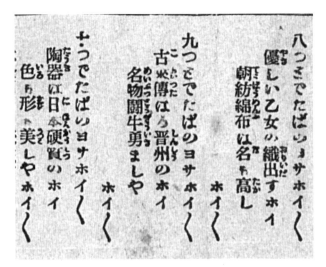

하이쿠

1929년 9월 23일

시카도子角

稲妻や大梵鐘の龍踊る

치는 벼락에 대범종의 용이 꿈틀거리네

稲妻や　大梵鐘の　龍踊る　　子角

47

하이쿠

1929년 9월 23일

구와시마桑島

壓し來る黑雲凄し稲光

압도해오는 먹구름 무시무시한 번개

단가

1929년 11월 21일

에사부로英三朗

かりそめの腰のいたみはかくまでに

永きやまいとなりはてにけり

잠깐 시작된 허리통증은 이렇게까지

기나긴 병이 되어버렸구나

49

단가

1929년 11월 21일

たよりなる二十五の子は病み臥して

年老し身は如何にかなしき

믿음직스러운 스물다섯 자식이 앓아누우니

연로한 내 신세 얼마나 슬픈가

1930년대 전통시가

센류

기무라 세란木村正嵐

初春の空へ伸び行く凧の糸

새해의 하늘 위로 뻗어가는 연줄

02

센류

1931년 1월 1일

고토 로쿠고香都路郊鄉

色街の春へ流れた別な朝

홍등가의 봄으로 흐르는 이별의 아침

色街の春へ流れた別な朝
人　釜山　香都路郊鄉

단가

1931년 1월 1일

와타나베 소진渡邊草人

桐の葉の寂しくそよぐ下に來て
碧冷ゆる空に見入りぬしばし

오동나무 잎 쓸쓸히 흔들리는 아래로 와서
푸르고 차가운 하늘 잠시 넋 놓고 보네

04

단가

1931년 1월 1일

行く道ははるかに遠く寂しけれ

歩め我駒寂しさままに

가야 할 길은 아득하게 멀고 외롭기만 하네

걸으렴 나의 말아 쓸쓸하면 쓸쓸한 대로

단가

1931년 1월 1일

立ち昇る初日の光りさはやかに

門松の上の雪を照せり

떠오르는 새해 첫날 햇살 산뜻하게도

가도마쓰에 쌓인 눈을 비추고 있네

立ち昇る初日の光りさはやかに門
松の上の雪を照せり

06

단가

1931년 1월 1일

梅雨晴れの鼓ケ浦の朝なぎに

帆を干す船のあまた見ゆるも

장마 끝나고 쓰즈미가우라*의 아침 바다에

돛을 말리는 배 무수히 보이누나

梅雨晴れの鼓ケ浦ハ朝なぎに帆を干す船のあまた見ゆるも

---

*   현재의 미에현(三重県) 스즈카시(鈴鹿市)의 해안 일대.

07

센류

1931년 1월 7일

마스모토 미즈토리益本水鳥

初春の希望を又も語り合ひ

새해를 맞는 희망을 또다시 이야기하네

08

센류

1931년 1월 7일

니이미 가쓰新美かつ

初春や詫びに來るのにのんだくれ

새해를 맞아 사과하러 왔는데 인사불성

09

센류

1931년 1월 7일

니미 소칸 新美鼠旰

初春や垣根に豆の花が見へ

새해로구나 담벼락 아래로 콩꽃이 보이네

10

센류

1931년 1월 7일

스즈키 도시사다 鈴木利定

眼鏡越し初春の景氣占つて見

안경 너머로 새해의 경기를 점쳐 본다네

11

센류

1931년 1월 7일

기무라 세란木村正嵐

初春の街を失業の冷たい眼

새해 맞은 거리에서 실업자의 차가운 눈빛

12

하이쿠

1932년 1월 15일

쇼코初紅

見上げたる火の見櫓や冬の月

올려다본 화재 감시대에 걸린 겨울 달

見上げたる火の見櫓や冬の月　初紅

13

하이쿠

1932년 1월 15일

友と別れ歸る家路や冬の月

친구와 헤어져 돌아가는 귀갓길에 걸린 겨울 달

友と別れ歸る家路や冬の月

14

하이쿠

1932년 1월 15일

ひとしきり時雨過ぎけり冬の月

한바탕 세찬 비* 지나갔구나 겨울달이여

---

* '시구레(時雨)'로 늦가을에서 초겨울 사이에 오는 비를 뜻한다.

15

단가

1932년 1월 17일

우쓰보うつほ

初ひかりあびて一聲鳴きにけり

霜白き屋根の曉の鷄

새해 첫 햇살 받으며 한 목청 내어 울었구나

하얀 서리 지붕 위 새벽녘의 닭

16

단가

1932년 1월 17일

하야세早瀬

横雲の靜かに晴るる曉に

森の彼方に鷄鳴く聞ゆ

긴 구름 소리 없이 개는 새벽녘에

숲의 저편에서 닭 우는 소리 들리네

하이쿠

1932년 2월 28일

이시무라石村

溫床の蓆を干すや草の春

따뜻한 자리 멍석을 말린다네 풀 자라는 봄

18

하이쿠

1932년 2월 28일

오비스기沃肥杉

ひろびろと原陽炎や草青む

광활한 벌판의 아지랑이 사이로 푸르러지는 풀

하이쿠
1932년 2월 28일

우메비토梅人

山門につづく野道や草萌ゆる

사찰 문으로 이어지는 들길에 풀 움트는구나

20

하이쿠

1932년 2월 28일

쇼코初紅

布干せる丘なだらかに草青む

삼베* 말리는 완만한 언덕으로 푸르러져 가는 풀

---

* 여름을 나타내는 기고이다.

21

단가

1935년 1월 23일

この日頃勤めにつかるる事多し

鏡の中の顔のとがりは

요즘에는 일 때문에 지치는 적이 많기도 하네

거울 속에 비친 날카로운 내 얼굴

22

단가

1935년 1월 23일

ふと立ちしかがみの前のわが影に

父の姿を見出てたりけり

문득 일어나 본 거울 앞에 비친 내 얼굴에서

아버지의 모습을 찾아내고 마누나

단가

1935년 1월 23일

窓先のかがみにうつる白雲の

流れかなしき秋の午かも

창문 앞 거울에 비쳐 흘러가는 하얀 구름이

슬프게만 보이는 가을 정오로구나

24

센류

1935년 2월 1일

迷宮の事件を解いた戸の指紋

미궁의 사건 풀어낸 문의 지문

迷宮の事件を解い戸の指紋

센류

1935년 2월 1일

도스이桃翠

歌の會果てて靜かに菊の酒

와카 모임 끝내고 조용히 국화주 한잔

26
하이쿠
1935년 7월 19일

기누가사絹笠

殘月をのせてかかれり朝の虹

새벽달을 태워 내걸렸구나 아침 무지개*

---

* 여름을 나타내는 기고이다.

하이쿠
1935년 7월 19일

교게쓰鏡月

虹の輪を貫いて立つポプラかな

무지개 테두리를 가로질러 서 있는 포플러나무

28

하이쿠

1935년 7월 19일

다이스이台水

訪れた遍路に麥茶すすめけり

나를 찾아온 순례객에게 보리차 권하였다네

센류

1936년 1월 1일

むづかしい字で滿州へ年賀状

어려운 글로 만주로 보내는 연하장

30

센류

1936년 1월 1일

滿州の兵士の賀狀妻へ來る

만주에 있는 병사의 연하장 아내에게 왔네

滿州の兵士の賀狀妻へ來る

센류

1936년 1월 1일

年賀狀知らぬ兵隊からも來る

연하장 쓸 줄 모르는 부대에서도 연하장 오네

센류

1936년 1월 9일

모리야마 겐겐코 森山兼々子

潑剌として電話機のベルに立ち

발랄하게 울리는 전화기 앞에 서네

센류

가미요시 하루나神吉春水

門松に仙台平が引つかゝり

가도마쓰*에 센다이히라**가 걸렸구나

門松に仙台平が引つかゝり 宜寧 神吉 春水

---

* 　새해에 문 앞에 하는 소나무 장식.

** 　하카마(袴)를 만들 때 쓰는 센다이(仙台) 지방의 견직물.

34

하이쿠

1936년 5월 5일

櫻花にて包まれてある官舍かな

벚꽃으로 둘러싸여 있는 관사로구나

하이쿠

1936년 5월 5일

潮風に吹き上げられし落葉かな

바닷바람에 날려 하늘거리는 낙엽이로다

36

하이쿠

1936년 5월 5일

葉櫻の丘の上なる鎮守かな

벚꽃잎 언덕 위로 세워진 진수사당*

葉櫻の丘の上なる鎮守かな

---

* 고장을 진호하는 신을 모신 사당.

단가

1936년 6월 9일

기리하라 세슈桐原靑愁

さみだれの夜

장맛날 밤

この夜半は雨もよほすか霧おりて

深き彼方にさぎしきり鳴く

이 한밤중에 비 오려는 듯 안개 내리고

깊은 밤 저 너머로 백로 자꾸만 우네

38

단가

1936년 6월 9일

霧おてり[*]靜かなるかもつたの葉の

青きにこりし露一つ見ゆ

안개 내려와 무척 고요하구나 담쟁이 잎에

푸르게 맺힌 이슬 하나 보네

---

* おりて 의 誤写로 추정됨.

단가

1936년 6월 9일

霧少しかかりて白き屋根近く

さぎ鳴き過ぎぬさみだれの夜

안개가 조금 낀 하얀 지붕 근처에서

백로 밤새 우는 장맛비 내리는 밤

40

단가

1936년 6월 9일

おちこちにかわず鳴き出てさみだれの

夜は深うしていと幽かなり

여기저기서 개구리 우는 소리 장맛비 오는

여름밤 깊어가니 더없이 그윽하구나

단가

1936년 6월 9일

子供もねて靜かになりし一人居に

かわず聞くかなさみだれの夜

아이도 잠들어 조용해졌구나 오롯이 홀로

개구리 소리 듣는 장맛비 내리는 밤

42

단가

1936년 6월 9일

さみだれの夜はなつかしししつとりと

ぬれて重たき古里のふみ

장맛비 오는 여름밤 그립구나 함초롬하게

젖어 무거워진 고향에서 온 편지

단가

1936년 6월 11일

기리하라 세슈桐原靑愁

英公蒲

민들레[*]

何處より飛びて來つるかクリームの
和毛やさしき蒲公英の種
어디에서 날아와 앉았을까 크림빛깔의
부드러운 솜털 같은 민들레 씨앗

---

* 봄을 나타내는 가어이다.

44

단가

1936년 6월 11일

是何と子等の騷ぐをふと見れば蒲公英の種飛びてゐるなり

"이게 뭐지?" 하며 떠드는 아이들을 얼핏 보니

민들레 씨앗이 날아와 앉았구나

단가

1936년 6월 15일

기리하라 세슈桐原青愁

罌粟

양귀비

佳き人の悩み疲れてくずおるる

さまに似て散る虞美人の花

아름다운 이가 고뇌에 지쳐서 무너져가는

그 모습 닮은 듯 지는 우미인초[*]

---

[*] 개양귀비의 다른 이름으로, 초나라 장수 항우의 연인인 '우미인'의 이름에서 따온 꽃 이름
이다.

단가

1936년 6월 15일

くれなゐの罌粟の雄蘂の濃紫

深みどりせし花粉を散らす

주홍색깔 양귀비꽃 수술은 진보랏빛

짙은 초록빛깔 꽃가루 흩뿌리네

단가

1936년 6월 16일

기리하라 세슈桐原靑愁

風蘭

풍란*

風蘭のほのかに匂ひ咲き出づと

記るせる遠き日の六月十日

풍란의 은은한 향이 피어날 때면

기억속의 머나먼 그날, 유월 열흘날

---

* 　바위나 나무줄기에 붙어서 자라는 난초과의 여러해살이풀. 여름을 나타내는 기고이다.

48

단가

1936년 6월 16일

つつましく小さき花の紫も

何かなまめく高山あやめ

다소곳하고 자그마한 꽃의 보랏빛도

어쩐지 요염한 높은 산의 붓꽃*

つゝましく小さき花の紫も何かな
まめく高山あやめ

---

* 여름을 나타내는 가어이다.

단가

1936년 6월 23일

此の路に小さき空の色うつす

花を見出でてうれしき散歩

이 길에서 자그마한 하늘빛 옮겨놓은 듯한

꽃을 발견하는 기분 좋은 산책

50

단가

1936년 6월 23일

その垣のしげみに白き小米花*の

こぼるる頃となりにけるかも

그 울타리 우거진 수풀 사이로 하얀 조팝나무

흘러내릴 무렵이 되었을지도

---

* 　꽃의 생김새가 튀긴 좁쌀처럼 하얗고 작은 모양을 하고 있다.

단가

1936년 6월 24일

기리하라 세슈桐原靑愁

そば

메밀

見はるかす山の畑のおちこちを
そば白々と咲きて夏來ぬ
멀리 바라본 산과 밭 여기저기로
메밀꽃 새하얗게 피는 여름이 오네

단가

1936년 6월 24일

そばの花白き畑を夏の風

水尾の如きに吹き過ぎにけり

메밀꽃 하얗게 피어난 꽃밭 위를 여름 바람이

물결 일렁이듯 지나가누나

센류

1937년 3월 27일

傾城に女房面談する氣なり

기녀에게 아내 상담할 마음이 있네

傾城に女房面談する氣なり

센류

1937년 3월 27일

母方の叔父は一割こわくない

외가 쪽 삼촌은 전혀 무섭지 않네

하이쿠

1937년 12월 12일

와타베 나쓰카와渡部夏川

毛糸編む姿の手忙し冬隣

털실 짜는 모습이 분주하구나 곧 겨울 시작

하이쿠

1937년 12월 12일

에가미 로쿠호江上綠圃

冬近し浦波明日も高からむ

겨울 다가오니 내일도 포구 파도 높겠구나

하이쿠

1938년 1월 1일

松飾

설날 소나무 장식

里寺に小さき松を飾りけり

마을의 절에 자그마한 소나무를 장식했네

58

하이쿠

1938년 1월 1일

고치쿠五竹

若水に覗くや空の淺綠

새해 정화수 들여다보니 하늘은 연둣빛일세

若水に覗くや空の淺綠

五 竹

하이쿠

1940년 1월 1일

마키자와 소큐코牧澤蒼穹子

妻の名をつけたる征馬飾りけり

아내의 이름 붙인 정마征馬*를 꾸몄다네

---

* 먼 길을 가는 말 혹은 전쟁터로 가는 말.

60
하이쿠
1940년 1월 1일

오쓰 히시무라大津菱村

唯ならぬ世やモンペはき羽子をつく

심상치 않은 세상이로다 몸뻬* 입고 하고** 치네

唯
な
ら
ぬ
世
や
モ
ン
ペ
は
き
羽
子
を
つ
く

---

* 　여성이 일할 때 입는 헐렁한 바지.

** 　모감주나무 열매에 구멍을 뚫어 색을 입힌 새털을 끼운 제기 비슷한 것.

하이쿠

1940년 1월 1일

후카이 고사쿠深井梧作

新しく氏もうけたり賀状書く

새롭게 성씨도 받았으니 쓰는 연하장

三

位

新らしく氏もうけたり賀状書て

囻 深井 梧作

62

센류

1940년 1월 1일

이지마 겐보飯島劍坊

戰地から矢張り來てゐた年賀狀

역시나 전장에서 온 연하장

단가

1940년 1월 1일

오시마 미치쿠사小島路草

あかあかと燃える焚火に行ずりの
支那人もよる守備隊の庭
울긋불긋 타는 모닥불에 지나가는
중국인도 다가오는 수비대의 마당